LE
COURONNEMENT
DE L'ÉDIFICE

LIBERTÉ DÉMOCRATIQUE

PAR

CLÉMENT DUVERNOIS

« On ne s'appuie que sur ce qui résiste. »
(GUIZOT.)

« Tuer un homme, c'est détruire une créa-
ture raisonnable; mais étouffer un bon li-
vre c'est tuer la raison elle-même. »
(MILTON.)

PARIS
E. DENTU, LIBRAIRE-ÉDITEUR
GALERIE D'ORLÉANS, 13, PALAIS-ROYAL

1860

LE

COURONNEMENT DE L'ÉDIFICE

Jetez les yeux dans les vitrines des éditeurs à la mode, comptez les brochures qui s'y pressent ; voyez ces journalistes d'hier qui éludent tant bien que mal le décret organique de 1852, et ces journalistes de demain qui se préparent au travail rapide de la presse quotidienne par le travail plus lent de la brochure ; portez ensuite vos regards de huit ans en arrière et dites si l'esprit public ne s'est pas modifié depuis le jour où fut promulgué le décret de 1852.

Prenez les journaux les plus incolores, prenez ceux de toutes les opinions, allez du *Siècle* au *Constitutionnel*, voyez combien de fois revient sous la plume des écrivains la question des libertés intérieures, et dites s'il n'y a pas là encore un symptôme du retour de l'opinion aux idées de liberté.

Au Corps législatif, au Sénat, partout où l'on parle, on a entendu cette année le mot liberté revenir sur toutes les lèvres, et ceux même qui n'en ont parlé que pour en médire n'ont-ils point montré qu'une préoccupation nouvelle, sous le régime actuel, s'emparait des esprits.

Or, dans un pays où le suffrage de tous est la base du gouvernement ; dans un pays où la force du pouvoir consiste à constater ou à pressentir l'opinion pour la suivre ou la précéder, l'objet des préoccupations de tous a une importance qu'on ne saurait méconnaître.

Le moment est donc venu de se demander si la législation qui réglait la presse répond aux aspirations du public, de se demander si elle n'a pas d'inconvénients pour le pouvoir à l'intérieur et à l'extérieur, de rechercher les obstacles qui peuvent retarder encore le couronnement promis de l'édifice.

I

Après 1852, au moment où s'établit l'Empire sur les ruines de la République, nul ne saurait contester qu'une grande lassitude des débats de la presse et de la tribune s'était emparée de tous les esprits; c'est la seule manière d'expliquer la brusque réaction qui s'opéra alors en faveur du principe d'autorité.

Ce mouvement fut-il exagéré? ne le fut-il pas? Notre affaire n'est pas de le rechercher, car nous ne sommes ni un apologiste ni un détracteur; quand nous fouillons dans le passé c'est pour y chercher un enseignement et non un texte à récriminations. Ayons le courage de laisser le passé pour ce qu'il vaut puisqu'il n'est pas en nous de le modifier, et occupons-nous du présent qui nous appartient, de l'avenir qui ne sera que ce que nous l'aurons fait.

De la situation des esprits en 1852 naquit le décret organique de la presse, merveilleux pour la circonstance, mais bon pour la circonstance seulement, comme le pouvoir s'empressa de le reconnaître et de le déclarer lui-même en promettant le couronnement de l'édifice.

Après 1852 un mouvement industriel se manifesta tellement impétueux qu'il détourna l'opinion vers les préoccupations matérielles un peu trop négligées, et l'on ne peut pas s'étonner qu'alors le public s'occupât faiblement d'une presse qui n'excitait guère d'intérêt qu'en donnant exactement les cours de la Bourse et la cote des valeurs industrielles. Combien de politiques retirés employèrent alors leur activité et leur énergie à faire des affaires, et combien peu d'esprits par conséquent restaient ouverts aux préoccupations de la chose publique !

Mais ce mouvement industriel se calma ; le gouvernement lui-même y mit un frein en essayant de le moraliser et l'on se prit à faire de la politique un peu sans s'en douter ; ce fut d'abord vers l'extérieur que se portèrent les esprits, et le gouvernement devina l'opinion lorsqu'il entreprit la campagne d'Italie. Il la devança même quelque peu alors, s'il m'en souvient bien ; mais l'on sait si depuis elle a rattrapé la distance.

La loi sur les sociétés en commandite, les mesures contre la Bourse avaient détourné l'opinion publique des intérêts matériels en limitant le champ de la spéculation, la guerre d'Italie lui indiqua une voie nouvelle, la politique.

L'opinion un peu étonnée d'abord s'y jeta ensuite avec frénésie, car en France l'on ne procède que par accès et l'on ne se guérit d'une fièvre qu'en en prenant une autre.

Aujourd'hui l'Italie, après avoir reçu l'impulsion décisive de la France, marche d'elle-même vers ses destinées, et la France, rassurée sur le sort de sa protégée d'hier, commence à faire un retour sur elle-même et songe à ses propres affaires.

Or il est permis de se demander si en tenant compte de ces modifications de l'esprit public, le décret de 1852 n'a pas un peu vieilli.

Si ce décret faisait partie de la constitution, s'il était une base du régime actuel, si le gouvernement l'avait présenté comme une règle immuable, nous en gémirions en nous-même, mais nous nous tairions, car toute discussion serait impossible sur notre terrain, sur le terrain constitutionnel. Fort heureusement — et nous tenons à le répéter — il n'en est pas ainsi, non-seulement le décret organique ne fait point partie de la constitution, mais il y est presque une dérogation puisque la constitution garantit les principes de 89 et entre autres la liberté de la presse ; le gouvernement ne l'a pas présenté comme une règle immuable puisqu'il a promis le couronnement de l'édifice.

Donc on a le droit de se demander si le décret n'a point vieilli, si les circonstances desquelles il est né se sont perpétuées, ou en d'autres termes, si le gouvernement voulant aujourd'hui faire une loi de presse ferait le décret de 1852.

II

La meilleure preuve qu'on puisse donner du contraire se trouve dans la manière dont le décret était appliqué en 1852 et la manière différente dont il est appliqué en 1860.

On ne saurait contester que les journaux sont moins avertis qu'autrefois, que dans la discussion de certaines questions ils ont une grande latitude, que le nombre des feuilles supprimées tend à diminuer, que les autorisations s'obtiennent plus facilement, et que certaines circulaires ministérielles élargissent singulièrement le terrain de la discussion. On voit qu'il ne nous coûte point de constater la modération qu'on apporte le plus souvent dans l'application de la loi, et ce malgré les taches que nous voyons au soleil.

Mais cette modération même n'est-elle pas une critique de la loi? Une loi trop sévère pour être rigoureusement appliquée est-elle appropriée à la situation? Le gouvernement, en l'appliquant moins, ne montre-t-il pas qu'elle est moins nécessaire? N'indique-t-il pas suffisamment que si elle était à faire, il la ferait différemment?

Évidemment si :

Pourquoi donc ne point la refaire?

« C'est inutile, dit le *Constitutionnel*, qui a des goûts modestes en matière de liberté, nous sommes fort bien comme nous sommes. Que le gouvernement lâche un peu les rênes, soit, mais il faut qu'il reste armé, cela lui est indispensable pour se défendre contre les anciens partis. La tolérance donne la liberté de fait qui vaut bien la liberté de droit. »

Ainsi parle le *Constitutionnel*, ou à peu près, et avec lui nombre d'honnêtes gens qui, ce faisant, croient sauver un peu la société et servir le gouvernement.

Examinons.

III.

En matière de gouvernement, tout pouvoir implique une responsabilité, toute responsabilité est un risque pour le gouvernement, et s'il accepte une responsabilité à laquelle il n'est point en mesure de satisfaire, il s'affaiblit. Cela n'a pas besoin de démonstration.

Or, supposez que le gouvernement, reconnaissant que le décret organique est un peu rigoureux, prenne le parti d'en rendre l'application plus douce, qu'aura-t-il gagné?

Aura-t-il donné satisfaction aux tendances libérales qui se manifestent? Non; car personne ne lui saura gré d'une concession difficile à apprécier et à préciser; pour tout le monde il sera dictateur de fait alors qu'il ne voudra plus l'être qu'en droit; moralement il n'aura donc rien gagné.

Aura-t-il du moins élargi la source de ses informations en donnant à la presse une certaine indépendance? Évidemment non; car, dans la plupart des cas, c'est à l'administration, non au gouvernement, que la presse a affaire.

En résumé, il aura donné des armes à ses adversaires et il n'aura pas constaté leur indépendance, tandis qu'en même temps il aura laissé la porte ouverte aux rigueurs excessives qu'il aura voulu éviter.

La liberté par tolérance est donc mauvaise pour le gouvernement, qui n'y trouve ni les bénéfices du régime compressif ni ceux du régime libéral; qui demeure responsable en droit d'un pouvoir qu'il abdique en fait. Elle ne satisfait pas davantage l'opinion, qui ne croit pas à la réalité d'une indépendance sans garanties légales; quant à la presse, elle ne modifie guère sa situation.

On ne sait pas, on ne peut pas savoir quelles émotions, quels dangers assiégent le journaliste convaincu, sous l'empire du décret organique : à chaque article qu'il fait, à chaque ligne qu'il écrit, il s'interroge, il se demande s'il n'excède pas les bornes permises, et comment peut-il le savoir puisque rien ne limite son droit, rien que l'interprétation d'un fonctionnaire.

Il est sûr de ses intentions, il ne veut attaquer rien ni personne, il veut simplement discuter ; mais qui peut lui garantir qu'une interprétation, non pas malveillante, mais insuffisamment éclairée, ne trouvera pas dans son article ce qu'il n'y a point voulu mettre?

Quant à moi, je le déclare formellement, et je suis certain que tous les journalistes indépendants pourraient faire une déclaration semblable, je n'ai jamais donné un seul article à l'impression avec la certitude qu'il ne serait pas averti.

Et, savez-vous ce que c'est qu'un avertissement, comprenez-vous qu'en faisant donner un avertissement à un journal on diminue d'un tiers la valeur d'une propriété qui, le plus souvent, est le bien d'autrui? Si vous le comprenez, dites un peu quelle est la latitude laissée à l'écrivain consciencieux qui, d'une part, veut éclairer l'opinion et le gouvernement, comme c'est son devoir impérieux, et, de l'autre, ne veut pas compromettre la fortune de ses commettants.

Pensez-vous qu'on lui rendra sa liberté en lui montrant une certaine tolérance. Qui donc lui garantit cette tolérance? qui lui dit où elle s'arrêtera? qui lui dit qu'elle ne va point cesser demain par suite de telle complication politique, de telle réclamation qu'il ne peut prévoir?

Et si après avoir parlé du journaliste de Paris nous allons chercher le journaliste de province, aux prises avec des autorités de second ordre, se débattant au milieu d'intérêts de clochers qui prennent les proportions de questions d'État, sur quelle indépendance peut-il compter ? Et cependant la presse de province n'est-elle pas surtout utile au pouvoir central comme moyen de contrôler ses agents dans leurs rapports avec l'opinion ?

Nous ne voulons point fouiller dans le martyrologe de la presse ; nous ne voulons point puiser des arguments dans des faits isolés, mais nous sommes convaincu que sur dix avertissements envoyés aux journaux, sept au moins n'eussent pas été donnés si l'écrivain eût été appelé à plaider sa cause devant le fonctionnaire compétent.

A l'intérieur, le décret de 1852 a donc pour effet de priver le gouvernement d'informations utiles, de discussions sérieuses. Grave inconvénient pour un gouvernement basé sur le suffrage de tous, et qui doit connaître incessamment l'opinion publique à laquelle il doit obéir. Nous verrons tout à l'heure si quelque avantage vient compenser ce grave danger.

Quant à la tolérance dans l'application, elle n'augmente en aucune façon la liberté de la discussion sérieuse. Elle élargit le domaine des attaques habiles, des insinuations doucereuses, mais elle n'a aucune action sur la presse indépendante et sans parti pris.

IV.

Si le décret de 1852 présente des inconvénients à l'intérieur, il n'a pas de moins graves effets à l'étranger.

Les journaux dévoués au gouvernement constatent avec amertume combien de méfiances inspire la France à l'étranger. Ils énumèrent avec une complaisance qui ailleurs peut-être semblerait malveillante, les ferments de discorde qui couvent en Europe. Ils attribuent tous ces soupçons aux manœuvres des anciens partis, qui leur servent à expliquer tous les malheurs desquels ils ne se rendent pas bien compte.

N'est-ce pas plutôt la situation faite à la presse qu'il faut rendre responsable des méfiances de l'Europe?

A ce propos, je me rappelle une anecdote bien vieille et bien connue, mais bonne à redire, car elle est d'une merveilleuse application à la situation présente.

C'était avant 89. Un ambassadeur d'Angleterre se plaignait des attaques dirigées par certains écrits français contre son gouvernement.

— Mais, répondait le ministre, votre presse nous en dit bien d'autres.

— Oui, répondait l'ambassadeur, mais notre presse est libre et mon gouvernement n'est pas responsable de ce qui s'imprime en Angleterre. Votre presse ne dit que ce que vous lui laissez dire, vous êtes donc responsable de tout ce qu'elle dit.

L'histoire ne rapporte pas ce que répliqua le ministre, mais il dut être fort embarrassé, car la logique de l'Anglais était inflexible.

Certes, nous ne voulons pas prétendre que cette situation soit ce qu'elle était avant la révolution de 1789, mais l'Europe sait que le gouvernement français, armé du droit d'avertissement, peut arrêter toute discussion ; elle en conclut que le gouvernement ne permet de dire que ce qui lui convient. Elle est convaincue que les divers journaux sont des instruments de diverses natures, mais obéissant tous à l'impulsion unique du chef d'orchestre, et par suite elle rend le gouvernement responsable de tout ce qui s'écrit en France.

Un journaliste parle de conquérir les frontières naturelles ; c'est que le gouvernement veut préparer l'opinion à cette conquête ; et voilà la Belgique qui s'émeut, voilà la Prusse qui arme. Un autre parle de l'Irlande ; c'est que le gouvernement veut attaquer l'Angleterre. Un autre enfin attaque la Turquie ; c'est que le gouvernement veut le partage de l'Empire turc.

C'est ainsi que le gouvernement est responsable de tout ce qui s'imprime, c'est ainsi que l'harmonie entre les nations est compromise chaque fois qu'une idée folle traverse la cervelle d'un publiciste français.

Et voyez où cela mène :

Un journal anglais injurie notre pays, cela ne tire pas à conséquence, parce que tout le monde sait qu'il ne faut voir, dans cette attaque, que les effets d'une colère individuelle, ou tout au plus de la colère d'une fraction de l'opinion anglaise. Qu'un journal français réfute son confrère d'outre-Manche, que dans sa réplique il se laisse entraîner par une vivacité bien pardonnable à prendre un peu l'offensive, voilà l'ordre européen troublé, parce que l'Europe croit que c'est le gouvernement français lui-même qui a parlé.

Et c'est ici surtout que la tolérance du gouvernement est d'un effet désastreux, car elle le désarme sans diminuer sa responsabilité. Nul ne peut lui tenir compte d'un libéralisme qui n'est point entouré de garanties légales, et sa tolérance est prise pour une approbation tacite.

Aussi, nous l'avons dit ailleurs, si nous avions un conseil à donner au pouvoir, et qu'il ne voulût absolument pas diminuer sa responsabilité en donnant aux journaux une liberté légale, nous l'engagerions du moins à mettre cette responsabilité à couvert en supprimant tous les journaux, sauf le *Moniteur*. Cela nous paraîtrait indispensable à la considération du gouvernement, nous ne voudrions pas qu'il eût la forme et les dangers de l'absolutisme, sans en avoir la réalité et les avantages.

V

Nous croyons avoir démontré suffisamment que le décret de 1852 cause de graves préjudices au gouvernement, puisqu'il diminue ses éléments d'information à l'intérieur, et lui inflige une immense responsabilité à l'étranger; mais cela ne suffirait pas pour condamner la loi qui régit la presse, car les choses parfaites sont rares, et pour compléter notre étude, il faut voir si en échange des inconvénients très-réels qu'il présente, le décret de 1852 n'offre pas au pouvoir des avantages sérieux.

Si nous récapitulons ce qui a été écrit sur la matière par les adversaires de la liberté de la presse, nous voyons qu'ils dirigent contre elle trois accusations principales.

Ils disent d'abord qu'elle peut être un instrument dangereux aux mains des anciens partis qui désirent le renversement du régime impérial.

Ils disent ensuite que les discussions de la presse entravent la marche du gouvernement, affaiblissent nécessairement le pouvoir.

Ils disent enfin que la France n'est pas mûre pour la liberté, et que les discussions de la presse ne peuvent qu'y être stériles ou dangereuses.

Examinons ces diverses objections :

Et d'abord, en ce qui concerne les anciens partis, il nous paraît qu'on exagère beaucoup leur importance, ce qui est assez singulier de la part des défenseurs ordinaires du pouvoir actuel, et qu'en même temps on se trompe étrangement sur la source de la force qu'ils ont encore.

Au lendemain de 1852, alors que le gouvernement venait de s'installer, alors que les ruines de la république fumaient encore, alors que les monarchistes divers n'étaient pas encore consolés de leur déconvenue, les anciens partis pouvaient présenter de grands dangers ; mais sommes-nous au lendemain de 1852?

Il suffit, en effet, de jeter les regards sur ce qui se passe, pour se convaincre que l'opposition constitutionnelle tend à remplacer de plus en plus l'hostilité systématique. Des républicains sincères n'ont pas hésité à donner à cet égard un courageux exemple en entrant au Corps législatif. Non-seulement on les a vus prêter serment à la constitution, mais on les a vus depuis prêter l'appui de leurs votes au gouvernement en diverses circonstances. Les rangs des abstentionnistes s'éclaircissent chaque jour, et l'on voit rentrer dans la vie politique la plupart des hommes qui s'en étaient volontairement écartés. Enfin, sur le terrain des affaires extérieures, n'a-t-on pas vu des hommes de toute opinion appuyer la politique du gouvernement ?

Quelle différence profonde entre cette attitude et celle des partis, il y a huit ans ! Le gouvernement l'a parfaitement compris et c'est ce qui a motivé de sa part une amnistie récente.

Que des coteries s'agitent, cela est bien possible ; mais que pèsent des commérages de salons dans la balance du suffrage universel ?

Lorsque le vote était aux mains des classes privilégiées qui ont ordinairement mission de fournir des gouvernements, les coteries avaient une grande importance, la course aux places pouvait s'établir et, en se faisant la courte échelle, quelques habiles pouvaient escalader un trône ; mais aujourd'hui, derrière les hommes qui se disputent le pouvoir, il y a le pays entier qui juge ; la majorité n'est plus entre les mains des gouvernants, elle est entre les mains des gouvernés.

Aussi les conspirations de salon n'ont guère d'influence, et si le pays se donne ce ne sera jamais à telle ou telle coterie, ce sera à telle ou telle idée, à tel ou tel principe. Désintéressé dans les questions de places, il considère comme le meilleur des gouvernements celui qui sert le mieux ses intérêts.

Voilà pourquoi nous ne croyons pas à la puissance magique que l'on prête gratuitement à des partis dissous. La question n'est plus posée entre telle ou telle forme de gouvernement et telle ou telle autre, elle est posée désormais entre le principe démocratique et le principe anti-démocratique.

Mais, il ne faut pas se le dissimuler, il est pourtant un écueil que le gouvernement peut redouter, mais cet écueil est précisément dans les mesures restrictives de la presse. C'est ainsi, croyons-nous, que l'on risque de fortifier les anciens partis en pensant les désarmer.

Une opposition n'est en effet réellement forte que, lorsqu'ayant découvert un défaut au gouvernement, elle met sur son drapeau la qualité contraire.

Si le gouvernement est faible à l'extérieur, toute la tactique de l'opposition consiste à parler bien haut de l'honneur national ; si le gouvernement est anti-démocratique, c'est au nom du suffrage universel qu'on l'attaque, et comme l'opinion trouve dans les promesses de l'opposition quelque chose que le gouvernement ne lui donne pas, elle donne raison aux opposants.

Or, le gouvernement actuel a su donner à la France, à l'extérieur, une place qui satisfait l'amour-propre national; ce n'est donc pas de ce côté que le gouvernement peut être vulnérable. D'autre part il a accepté le suffrage universel comme base de son pouvoir et il tend à en faire la base du droit public en Europe.

La France est donc à peu près satisfaite dans son sentiment égalitaire et dans son point d'honneur, c'est là ce qui fait la force du pouvoir ; mais elle n'est point satisfaite sous le rapport de la liberté ; c'est là ce qui fait la force des anciens partis.

Aussi vous n'avez qu'à écouter les véritables ennemis du pouvoir actuel et vous verrez que tous leurs efforts tendent à accréditer cette opinion que le régime impérial est incompatible avec la liberté.

Supposez maintenant que le pouvoir donne au pays plus de libertés publiques que n'en ont donné les anciens partis, et dites si la force des ennemis du gouvernement ne sera pas amoindrie.

Loin de considérer le décret de 1852 comme une arme défensive, il faut donc le considérer comme la planche de salut à laquelle peuvent s'accrocher les hommes du passé.

Ce n'est donc pas au point de vue de la défense contre

les hommes systématiquement hostiles que le décret de
1852 peut être utile au pouvoir.

VI.

Passons à la seconde objection.

On dit que la liberté de discussion entrave la marche
du gouvernement.

A cette objection nous n'opposerons qu'un argument de
fait :

Une seule question, depuis 1852, a été livrée d'une
manière à peu près complète aux discussions de la presse,
c'est la question italienne. L'Italie s'en est – elle mal
trouvée ?

Au sujet des affaires de Rome, le gouvernement a ac-
cordé aux attaques du parti clérical une latitude qu'il n'a-
vait jamais laissée à personne. S'en est-il mal trouvé ? Et
cependant il avait affaire à une puissance organisée, à une
armée disciplinée et ardente. L'ordre en a-t-il souffert un
seul instant ? Tout le monde sait le contraire. Les prélats
ont transformé leurs chaires en tribunes, leurs mande-
ments en brochures politiques ; cela a–t-il entravé la marche de Garibaldi ? Le gouvernement a eu le tact de refuser
à ses pieux adversaires les honneurs du martyre ; a–t-il eu
lieu de le regretter, et si quelque chose a été fâcheux n'est-
ce pas plutôt certains actes de rigueur.

Cet exemple décisif nous semble préférable à toutes les
théories, et montre suffisamment que la presse n'entrave
pas la marche des affaires réellement sympathiques au
pays.

VII.

On dit enfin que la France n'est pas mûre pour la liberté, et que la presse y occasionnerait des troubles incessants.

Cette objection est bien vieille ; elle a servi à tous les partis qui se sont succédé au pouvoir, et il semble qu'elle rajeunisse sous chaque nouveau gouvernement.

Mais, il est bon de le remarquer d'abord, cette objection n'a-t-elle point été faite pendant longtemps au suffrage universel ? Il semblait qu'en appelant à l'urne électorale l'universalité des citoyens français on allait livrer le pouvoir à l'anarchie ; il semblait qu'on allait inaugurer une ère de désordre. Cela n'a-t-il pas été dit à la tribune par les hommes d'État les plus distingués du dernier règne. En est-il un seul qui ne vît arriver avec horreur le règne de la vile multitude ?

Or, ce règne est arrivé ; le peuple, écarté longtemps de l'urne électorale, y a été convié et il s'est trouvé qu'il a procédé avec plus d'ordre que les électeurs privilégiés, et que si parfois on a eu à lui adresser un reproche, c'est de se montrer trop conservateur.

En Italie, on a vu récemment ce pouvoir nouveau voter en faveur de l'unité italienne et faire bon marché de rivalités, de dissensions intestines, avec un bon sens et une fermeté qu'on n'eût peut-être pas rencontrés dans les classes privilégiées.

Ces résultats sont décisifs, quoi que puissent dire maintenant les derniers apôtres du suffrage restreint, et la cause du suffrage universel est irrévocablement gagnée devant le tribunal de l'opinion publique.

Mais si vous trouvez bon, si vous trouvez juste d'appeler à l'urne électorale tous les citoyens français ; si vous croyez que tous sont capables de prendre part à la chose publique et de délibérer sur les plus graves sujets, comment pouvez-vous prétendre qu'ils ne seront pas également capables de distinguer l'opinion vraie de l'opinion fausse; comment pouvez-vous admettre qu'il soit nécessaire de censurer leurs lectures, comme on fait pour les enfants incapables de discerner?

Sous le régime du suffrage restreint il est logique que la liberté de la presse soit restreinte, car si l'on admet que la grande majorité est inhabile aux affaires et qu'il faut en quelque sorte la tenir en tutelle, il est sage de ne point permettre que des habiles exploitent les passions des masses et répandent de funestes doctrines parmi des gens qui ne sauraient point les condamner.

Mais, par la même raison, le règne du suffrage universel appelle le règne de la liberté universelle, car le droit de juger implique le droit de connaître, et comment exercer ce droit sans une presse libre de dire et de contredire?

En pareille matière nous ne croyons pas qu'il soit possible d'adopter un terme moyen et de prétendre à la fois que les masses sont assez sages, assez expérimentées pour qu'on puisse leur laisser juger en dernier ressort des questions de dynasties et des questions de frontières, pour qu'on puisse leur laisser prendre par le vote une part constante à l'administration de la chose publique, et qu'elles ne sont ni assez sages ni assez expérimentées pour pouvoir lire et apprécier sainement tout ce qui se peut imprimer.

Ou elles sont trop ignorantes pour distinguer la vérité de l'erreur, et alors elles sont encore plus incapables de voter que de lire;

Ou elles sont assez éclairées pour voter, et alors elles le sont assez pour ne point se laisser tromper par le premier publiciste qui écrira quelque sottise.

Suffrage restreint et liberté restreinte ou suffrage universel et liberté universelle : hors de là il ne peut y avoir que flagrantes contradictions.

C'est pour cela que le gouvernement actuel, basé sur le

suffrage de tous, a donné à la loi qui régit la presse un caractère éminemment transitoire ; c'est pour cela qu'en publiant d'une main le décret organique il a reconnu de l'autre les principes de 89.

Il est donc illogique, il est donc inconstitutionnel de prétendre que la France n'est pas mûre pour la liberté ; le jour où le gouvernement a appelé l'universalité des citoyens à l'urne électorale, il a délivré à la France en masse un brevet de capacité politique, et l'on ne peut contester à la France cette capacité sans contester, du même coup, le principe sur lequel repose le gouvernement.

VIII.

De la théorie passons à la pratique.

Comment faut-il entendre ces mots : « La liberté de la presse ? »

Sous un gouvernement qui prend pour base les principes de 1789, la liberté de la presse doit être comprise comme on la comprenait en 1789. Reportons-nous donc à cette époque.

Le 11 juillet 1789, le marquis de Lafayette présentait à l'Assemblée nationale un projet de déclaration des droits de l'homme. L'article 2 portait :

« Tout homme naît avec des droits inaliénables et imprescriptibles : tels sont la liberté de toutes ses opinions..... la communication de ses pensées par tous les moyens possibles, la recherche du bien-être et la résistance à l'oppression. »

Le 21 juillet l'abbé Sieyès présentait un projet du même genre. L'article 7 portait :

« Personne n'est responsable de sa pensée, de ses sentiments ; *tout homme a droit de parler ou de se taire ; nulle manière de publier ses pensées et ses sentiments ne doit être*

interdite à personne, et en particulier CHACUN EST LIBRE
D'ÉCRIRE, D'IMPRIMER OU DE FAIRE IMPRIMER CE QUE BON LUI
SEMBLE, toujours à la seule condition de ne pas donner at-
teinte aux droits d'autrui. Enfin tout écrivain peut débiter
et faire débiter ses productions, et IL PEUT LES FAIRE
CIRCULER LIBREMENT PAR LA POSTE, OU PAR TOUTE AUTRE
VOIE. »

Mirabeau ne pensait pas autrement. Ses admirables dis-
cours ne viennent-ils pas l'attester.

Voilà qui est net, précis, formel, et on ne peut avoir aucun doute sur la pensée des hommes de 1789 ; ce qu'ils
voulaient c'était la liberté sans restriction, la liberté sans
autre limite que le respect du droit d'autrui. C'est cette liberté-là que nous voulons, c'est celle-là aussi que nous a
promis la constitution de 1852, en confirmant et garantis-
sant les principes de 1789.

Si, par conséquent, le gouvernement pensait que le moment de couronner l'édifice est arrivé ; si, enlevant de son
œuvre la portion transitoire, il revenait aux principes qu'il
a proclamés librement comme règle définitive, le mieux à
faire serait de biffer d'un trait de plume toutes les lois sur
la presse. Le droit commun suffirait pour la répression de
tous les abus du droit d'écrire.

C'est là le but à atteindre, c'est là le couronnement promis, cela est incontestable, mais bien des esprits timorés
ne verraient pas sans effroi le brusque passage du régime
actuel de la presse à un régime de liberté absolue. Cher-
chons donc une transition, car sans transiger avec les
principes la politique doit savoir tenir compte des circonstances.

La première, la seule chose vraiment sérieuse à faire
dans le sens de la liberté, ce serait la suppression de
l'autorisation préalable et du cautionnement.

Avec le droit d'autorisation préalable, le droit d'avertissement et de suppression est légitime et nécessaire ; et
avec le droit d'avertissement, la liberté de la presse est
impossible.

Si le journalisme est une industrie privilégiée, si la propriété d'un journal est un monopole, si cette force immense qu'on nomme la presse est concentrée en quelques mains, il est légitime que le gouvernement conserve un droit de contrôle et de répression extra-légal, en échange du privilége qu'il a concédé ; il est légitime que le gouvernement ait des armes exceptionnelles pour lutter contre un monopole ; il est rationnel qu'il ait le droit de retirer ce qu'il a le droit de donner ; il est nécessaire que, prenant la responsabilité de tout ce qui s'imprime, il ait le droit d'empêcher l'impression de choses contraires à ses tendances.

Ainsi, le droit d'avertissement et de suppression n'est que la conséquence logique, fatale, nécessaire du droit d'autorisation.

Il n'est pas moins vrai qu'avec le droit d'avertissement, la liberté d'écrire ne saurait être réelle. Nous croyons l'avoir déjà démontré.

« Point de gouvernement représentatif qui n'ait pour objet la liberté publique et individuelle, s'écriait, en 1817, M. de Lally-Tollendal ; point de liberté publique ni individuelle sans la liberté de la presse ; point de liberté de la presse sans la liberté des journaux ; point de liberté de la presse ou des journaux partout où les délits de la presse ou des journaux sont jugés autrement que par un jury, soit ordinaire, soit spécial ; enfin, POINT DE LIBERTÉ D'AUCUN GENRE, SI A COTÉ D'ELLE N'EST UNE LOI QUI EN GARANTISSE LA JOUISSANCE. »

Or, si en dehors de toutes les juridictions ordinaires, un journal peut être averti et supprimé sans motifs prévus et fixés d'avance, aucune loi ne garantit la jouissance de la liberté d'écrire, et, par conséquent, cette liberté n'existe pas.

Nous le répétons donc. La seule mesure que le gouvernement ait à prendre, non pour donner, mais pour préparer le couronnement de l'édifice, c'est la renonciation au droit d'autorisation, et, par suite, au droit d'avertissement et de suppression.

IX.

Mais nous avons à peine achevé ce court exposé de la situation de la presse et des modifications à y introduire, que nous entendons les objections venir de toutes parts.

Les uns disent :

Vos arguments ne convaincront personne ; tout le monde sait très-bien que si l'on revendique la liberté de la presse, c'est pour faire la guerre au gouvernement, et que cette même liberté a servi déjà à renverser la Restauration et le gouvernement de Juillet.

C'est, en substance, ce que disait le *Constitutionnel*, il y a quelques semaines.

Puis, viennent les satisfaits :

A quoi bon la liberté de la presse, puisque sans elle nous sommes tranquilles ? Laissons faire le gouvernement, puisqu'il fait à notre goût. Ne convoquons pas les actionnaires, puisque le gérant gère bien.

Viennent ensuite les découragés :

Abstenons-nous, c'est ce qu'il y a de plus sage à faire. Vous prêchez dans le désert et vous savez bien que le gouvernement ne veut pas donner à la France la liberté. La revendiquer est peine perdue, puisqu'on est sûr de ne pas l'obtenir.

Viennent ensuite les burgraves du libéralisme :

C'est en vain, disent-ils, que vous cherchez à concilier la démocratie et la liberté : elles s'excluent. Les classes inférieures sont incapables d'apprécier les bienfaits de la liberté. Si vous voulez être libres, il faut que le gouvernement soit entre les mains des classes moyennes, et si le peuple vote lui-même, il se donne au premier dictateur qui satisfait ses intérêts matériels, les seuls qu'il connaisse.

On voit que nous n'essayons pas d'affaiblir les objections de nos adversaires, et que nous les fortifions plutôt en les résumant.

X.

Aux premiers nous répondons :

Il importe peu de savoir si les arguments en faveur de la liberté de la presse sont produits par des amis ou par des adversaires du gouvernement, car le gouvernement actuel ne serait pas le premier qui aurait eu des courtisans maladroits et des fétichistes imprudents. La question est de savoir si les arguments sont bons ou mauvais.

C'est au mépris de l'histoire que vous représentez la presse comme ayant renversé deux gouvernements, et surtout que vous prétendez que la presse est l'ennemie de tout gouvernement.

La Restauration ne s'était-elle donc point barricadée contre la presse ?

L'article III de l'ordonnance du 21 octobre 1814 disait : « Les écrits de vingt feuilles et au-dessous seront sujets à l'examen ou à la censure préalables. »

Le 12 août 1815, une ordonnance assujettissait tous les journaux à une nouvelle autorisation.

Le 9 novembre 1815, loi qui déclare séditieux tout écrit QUI AURA CHERCHÉ à affaiblir l'autorité du roi.

Le 28 février 1817, loi qui porte que les journaux ne pourront paraître qu'avec l'approbation du roi.

Le 17 mai 1819, loi répressive.

Le 31 mars 1820, loi qui suspend provisoirement la circulation des journaux politiques.

Le 26 juillet 1821, loi qui proroge la loi du 31 mars.

Le 17 mars 1822, loi qui maintient l'autorisation préalable.

Le même jour, loi répressive.

Le 15 août 1823, ordonnance qui remet en vigueur la loi du 31 mars 1820.

Le 16 août 1824, institution d'une Commission de censure pour les journaux.

Le 24 juin 1827, ordonnance qui remet en vigueur la loi du 31 mars 1820, c'est-à-dire la suspension et la censure.

Cette nomenclature suffit-elle, et faudra-t-il y ajouter les ordonnances de juillet, pour que vous admettiez que la liberté de la presse n'a pu renverser la Restauration, puisque sous la Restauration la liberté de la presse n'existait pas?

Si la Restauration est tombée, c'est sous le poids de l'impopularité qui s'attachait à son origine. A tort ou à raison, le peuple la rendait solidaire de l'invasion dont elle avait profité; voilà pourquoi elle ne pouvait pas durer.

Si la Restauration est tombée, c'est parce qu'elle représentait le droit divin, qu'une révolution avait sapé dans ses bases, en présence du droit populaire qui avait hâte de prendre place au soleil.

Est-il juste de dire que la liberté de la presse a renversé le gouvernement de Juillet?

N'est-il pas connu que le gouvernement de Juillet avait pris contre la presse toutes les armes nécessaires?

Si le gouvernement de Juillet est tombé, c'est pour avoir trop résisté au courant des idées démocratiques; c'est pour avoir fait trop bon marché de l'intérêt des masses. Il n'est pas tombé dans une lutte contre la presse; il est tombé dans une lutte contre le suffrage universel.

Ne dites donc pas que la liberté de la presse a renversé les gouvernements de 1815 et de 1830; dites que malgré toutes les lois compressives, elle les a fort attaqués, ce qui est bien différent.

Vous croyez que la liberté de la presse ne peut jamais être conservatrice? Méditez sur ces rapprochements:

Napoléon Ier, au faîte de la puissance, n'avait donné aucune liberté à la presse. Pendant ses longues guerres, alors que l'épopée marchait à son terrible dénouement, il avait imposé silence et tout le monde s'était tu.

Louis XVIII rentre ; il fait, le 21 octobre 1814, une loi contre la presse.

Napoléon revient, et, le 22 avril 1815, il publie l'acte additionnel dans lequel l'article 64 est ainsi conçu : « Tout citoyen a le droit d'imprimer et de publier ses pensées, en les signant, *sans une censure préalable*, sauf la responsabilité légale, après la publication, PAR JUGEMENT PAR JURÉS, quand même il n'y aurait lieu qu'à l'application d'une peine correctionnelle. »

Il est probable que si Napoléon Ier agissait ainsi après son retour de l'île d'Elbe, c'est qu'il sentait une force utile dans cette presse qu'il malmenait si fort autrefois, et Louis XVIII sentait bien que Napoléon avait raison, puisqu'il s'efforçait de la comprimer.

Malheureusement, Napoléon s'y prit trop tard ; mais est-ce la faute de la liberté de la presse ?

Nous le demandons aux amis maladroits du pouvoir.

XI.

Aux satisfaits, nous disons :

Il n'est si bon cheval qui ne butte ; il n'est si bon gouvernement qui ne commette des fautes ; et qui donc les constatera ? qui donc aidera ainsi à les réparer, si ce n'est la presse indépendante et même la presse hostile ? Comptez-vous, pour ce soin, sur les hommes qui entourent d'ordinaire le pouvoir ? L'expérience dit assez que vous comptez mal.

Vous conseillez au pays de s'endormir ; mais lui garantissez-vous le réveil, et qui pourra le lui garantir ? Si intelligent, si dévoué qu'il puisse être, qui donc peut être sûr de ne jamais se tromper, de ne jamais être circonvenu ?

Vous dites que le pays saura bien se réveiller quand il le faudra, si cela arrive. Vous en parlez bien à votre aise. La résistance d'un pays qui a l'habitude de la vie publique, c'est la résistance légale, qui fortifie parce qu'elle améliore en rectifiant. Le réveil d'un peuple qui ne sait plus vivre de la vie publique, c'est un déchaînement de colères et de passions. Dans un cas, c'est la brise qui fait avancer le navire ; dans l'autre, c'est l'ouragan qui le fait sombrer.

Vous renoncez à la brise et vous préférez l'éventualité de l'ouragan, c'est fort bien ; mais le gouvernement qui est en cause pourrait bien n'être pas de votre avis, et, de son côté, l'opinion qui sait ce que coûtent les révolutions, pourrait bien avoir un sentiment différent du vôtre.

Plus un gouvernement est fort, plus les pouvoirs sont centralisés ; plus le contrôle est nécessaire, plus la discussion est utile. Vous semblez croire que le contrôle implique la méfiance, c'est une erreur ; on ne contrôle point les actes d'un gouvernement parce qu'on pense qu'il fait mal, on le contrôle afin de lui signaler les erreurs que ses agents peuvent commettre. Quant à la discussion des voies et moyens, elle n'a rien d'incompatible avec l'unité de direction. Si le gouvernement veut passer outre et ne pas tenir compte des discussions, il le peut ; mais alors, du moins, il agit en pleine connaissance de cause. Nous ne demandons pas à imposer notre opinion, nous demandons à la faire connaître ; libre ensuite sera le pouvoir de l'accepter ou non. Nous ne lui demandons pas de faire au gré de tel parti, mais d'écouter tous les partis.

XII.

Aux découragés nous disons :

L'abstention que vous prêchez et que vous pratiquez n'est pas un système politique, c'est la négation de tout système politique. Nous comprenons l'abstention de ceux qui s'exilent volontairement, car à notre sens l'abstention c'est le refus de l'impôt. Mais l'abstention de ceux qui restent en France, acquittent les impôts, acceptent toutes les charges et ne renoncent qu'aux droits ; cette abstention-là nous ne la comprenons pas, et tout le monde la prendra pour un aveu d'impuissance.

Parmi ceux qui s'abstiennent, nous distinguons :

Nous trouvons d'abord les hommes qui ont pris une part directe et active aux gouvernements tombés depuis quarante ans, et qui, par cela même, ne croient pas devoir s'associer aux actes d'un autre gouvernement. Pour ceux-là nous n'avons que du respect, qu'ils soient les vaincus de 1830, les vaincus de 1848, ou les vaincus de 1851. Ils font un acte de dignité personnelle bien ou mal entendue, mais ils ne font pas un acte politique. Leurs personnes ne sont donc pas en cause dans ce débat.

Nous nous adressons à ceux qui croient devoir se draper dans un puritanisme commode pour blâmer tous les hommes qui essayent, par une opposition légale, d'exercer sur le gouvernement une influence utile à la France et à la cause démocratique. Ceux-là, tranquilles au coin de leur foyer, n'ont que des paroles de blâme et des calomnies pour tous les hommes qui ne pensent pas qu'un pays comme la France doive s'endormir dans une abstention stérile.

Ce sont eux qui trouvent inutiles tous les efforts que l'on tente pour engager le gouvernement à couronner l'édifice par des lois libérales ; car, disent-ils, il est certain que le gouvernement ne veut pas devenir libéral.

De deux choses l'une :

Ou vous croyez réellement ce que vous dites, et alors il me paraît que si j'étais à votre place je voudrais opposer au programme du gouvernement un programme de liberté.

Ou vous craignez que le gouvernement ne se fortifie en suivant vos conseils, et alors vous sacrifiez l'intérêt public à l'intérêt de coterie.

Quant à nous, et nous tenons à le déclarer formelle-

ment, nous n'appartenons à aucune Église, à aucune coterie. Nous n'avons que des principes, qu'un programme :
l'alliance de la démocratie et de la liberté. S'il nous arri-
vait de donner théoriquement la préférence à telle forme
de gouvernement, c'est parce que cette forme de gouvernement nous semblerait plus compatible avec la liberté et
la démocratie ; mais il est incontestable que nous aimerions
mieux vivre sous le gouvernement monarchique de la
reine Victoria que sous tel gouvernement républicain,
de même que nous préférerions vivre sous le gouvernement
des États-Unis que sous le gouvernement monarchique
de l'empereur d'Autriche.

Le gouvernement actuel a déclaré qu'il était une « démocratie organisée » et comme gage il a remis au peuple
le suffrage universel, c'est-à-dire le vote de l'impôt et des
lois ;

Le gouvernement actuel a déclaré qu'il maintenait les
principes de 89 et qu'il donnerait la liberté ;

De quel droit irions-nous chercher derrière ces décla-
rations souvent répétées des arrière-pensées et des réti-
cences ? De quel droit lui ferions-nous un procès de ten-
dance contre lequel nous protesterions s'il était dirigé
contre nous ?

Nous venons sans hostilité systématique, nous recueil-
lons les promesses du gouvernement, nous les lui rappelons ; nous les rappelons à l'opinion publique, qui a le
pouvoir d'en obtenir la réalisation, le reste ne nous
regarde pas.

Si le gouvernement tient compte de nos avertissements,
loin de nous plaindre de le voir se fortifier en devenant libéral, nous en serons enchanté, parce que nous ne verrons
là que la victoire d'un principe, parce que nous préférons
le triomphe d'une idée au triomphe d'un parti, parce que
nous aimons la liberté pour elle-même et pour le bien
qu'elle peut faire, parce que nous préférons le progrès
par la réforme au progrès par la révolution. Ainsi font les
Anglais qui savent compter ; s'en trouvent-ils mal ?

Si le gouvernement ne tient pas compte de nos avis, peut-être l'opinion en tiendra-t-elle compte, et alors cela reviendra au même ; car un peuple armé du suffrage universel peut toujours revendiquer ses droits par les voies légales et constitutionnelles.

Si le gouvernement et l'opinion ne nous écoutent point, nous aurons le sentiment du devoir accompli et nous laisserons faire les événements.

Lorsque le soldat va se battre, il ne demande pas s'il vaincra, il fait d'abord son devoir. C'est ainsi que doivent se conduire les soldats de l'idée.

XIII.

Aux burgraves du libéralisme, nous disons :

Si les institutions libérales étaient incompatibles avec le progrès matériel, vous auriez raison de croire le peuple ennemi de la liberté ; car en effet les hommes de labeurs, qui gagnent durement leur vie, sont obligés de placer au premier rang de leurs préoccupations la satisfaction des besoins matériels. Personne n'a le droit de leur en faire un reproche.

Mais si le libéralisme est démocratique, si la liberté n'est plus une divinité bourgeoise, si elle devient la sauvegarde des intérêts matériels, le peuple saura l'apprécier tout autant que peuvent faire les classes moyennes.

Ce qui a fait tort à la liberté dans l'esprit des masses, c'est surtout l'aspect sous lequel elle s'est toujours présentée. Lorsqu'il y avait en France des gouvernements soi-disant libéraux, on passait à l'ordre du jour chaque fois qu'il s'agissait des intérêts populaires ; si une voix généreuse prenait leur défense, un ministre jetait quelques dédaigneuses paroles et une majorité écrasante donnait raison au ministre. De telle sorte que le peuple a fini par se persuader que la liberté n'est bonne que pour les riches : et ce n'est certes pas en le lui répétant vous-mêmes que vous changerez ses idées.

Mais dites-lui que la liberté affermie c'est la paix assurée ; dites-lui que la paix assurée c'est le travail régulier, permanent ; dites-lui que la liberté c'est le moyen d'arriver sûrement à la réduction et à la réforme de l'impôt ; dites-lui que la liberté, c'est le travail affranchi ; dites-lui que la liberté est en un mot le grand réformateur des abus, le défenseur des faibles, la sauvegarde des intérêts de tous.

Dites-lui tout cela qui est vrai, complétement vrai, et le peuple sera aussi avide de liberté qu'il est avide d'égalité.

Mais vous ne lui direz point cela, vous ne pouvez point le lui dire, car vous mentiriez à votre passé ; votre liberté à vous fait des lois contre la liberté du travail, elle n'entend point qu'on parle de modifier les impôts, car votre liberté n'est pas la liberté.

Aussi vous avez bien raison de dire que cette liberté-là ne saurait être conciliée avec la démocratie ; vous avez bien raison de dire que pour l'avoir il faut le suffrage restreint ; le peuple qui voit qu'aujourd'hui encore c'est avec vos lois qu'on nous emprisonne, le peuple juge par là votre libéralisme.

Aussi n'est-ce point votre liberté factice que nous réclamons, c'est la liberté réelle, la liberté de 89 promise en tête de la constitution, LA LIBERTÉ DÉMOCRATIQUE.

XIV.

Il est temps de conclure.

Veut-on clore l'ère des révolutions ?

Veut-on entrer définitivement dans une ère de progrès continu ?

Qu'on adopte résolûment le programme constitutionnel :

Démocratie et Liberté, et qu'on lui donne tous les développements qu'il comporte.

Ces deux termes sont inséparables.

La démocratie, c'est-à-dire le gouvernement de tous, ne peut exister longtemps sans la liberté, car pour que ses manifestations par le vote soient intelligentes, il faut qu'elles soient préparées par la libre discussion.

La liberté réelle sans la démocratie n'est pas possible ; car pour résister aux envahissements des idées démocratiques, tout gouvernement basé sur le suffrage restreint sera obligé de restreindre la liberté.

Le premier Empire a supprimé les libertés, et, malgré toute sa gloire, le premier Empire est tombé.

La royauté de Juillet a voulu établir la liberté sans la démocratie ; il lui a fallu bientôt restreindre la liberté, et elle a fini par tomber sous les coups de la démocratie.

Ces enseignements ne doivent pas être perdus.

Que les anciens libéraux acceptent franchement les principes démocratiques ; que, sans arrière-pensée, ils acceptent le suffrage universel comme la base du droit public ; qu'ils comprennent que les intérêts des classes les plus nombreuses doivent être au premier rang parmi les préoccupations des hommes d'État ;

Que les démocrates cessent d'être autoritaires ; qu'ils ne rêvent plus la dictature ; qu'ils comprennent que, sans la liberté, la démocratie est impossible ;

Et sur un terrain commun, en dehors des anciens partis, pourra se former le parti de l'avenir, le parti des démocrates libéraux.

De cette fusion, le gouvernement n'aura rien à redouter, puisque le programme constitutionnel de 1852 reconnaît et confirme, d'une part, les principes de 89 ; d'autre part, accepte le suffrage universel comme base du gouvernement.

Pour remplir ce programme, qu'a-t-il à faire ?

Il a à donner la liberté, le couronnement promis de l'édifice.

C'est ainsi qu'il établira la paix en Europe sur des bases solides, en prouvant que ses intentions sont pacifiques.

C'est ainsi qu'il établira définitivement l'ordre à l'intérieur, en ôtant tout prétexte aux manœuvres des anciens partis.

C'est ainsi qu'il dégagera sa responsabilité des débats de la presse.

C'est ainsi qu'il remplacera la « liberté de la médisance » par la liberté de discussion.

C'est ainsi qu'il montrera à la France et à l'Europe qu'il a conscience réellement de sa force et de sa popularité.

Voilà **pourquoi** nous sommes pleins d'espoir dans ce moment de défaillance universelle.

Si le gouvernement retarde encore le couronnement de l'édifice, l'opinion publique fera connaître son désir par les voies légales, c'est-à-dire par le vote ou par les pétitions, et le gouvernement basé sur le suffrage universel devra se rendre aux vœux légalement exprimés de l'opinion.

Si, au contraire, le gouvernement agit, dans cette circonstance, comme il l'a déjà fait dans plusieurs autres, il n'attendra pas des manifestations aussi solennelles; il se contentera des symptômes nombreux que tout le monde voit et qui ne peuvent lui échapper; il aura un jour le courage de la liberté, comme il a eu déjà le courage du suffrage universel.

Paris, imp. de L. TINTERLIN, rue Neuve-des-Bons-Enfants, 3.